JN437971

뿌리의 향기

한두현 제010시집

※ 책 표지 사진 설명

清州韓氏 中의 韓氏

노숲한씨 못자리 터 조형물

*소재 : 강원도 원주시 부론면 노림리 노숲마을 웃골 기와집 터.

*조형물 _ 중앙 : 팔방불 십층석탑 높이 12m
둘레 : 1왕후 3정승 6판서 비석 10개

- 조형물 중량 : 200t
- 총 설치비 : 3억원 ▪ 政府米 6천石 상당
- 설립일 : 2023. 2. 12

*노숲한씨 못자리 터 유래 : 500여 년 전 정선군수 韓承元 낙향 잡은 터.
손자 둘 줄줄이 문과 급제 정승판서
증손 韓百謙 실학의 비조 동국지리지
증손 韓浚謙 오도도원수 유교칠신 서평부원군
현손녀 仁烈王后 혈손 줄줄이 왕위 순종황제까지.
노론 독재 세상에 1왕비 3정승 6판서를 배출한 유일한 남인 가문.
아마도 한 집성촌에서 이런 역사는 노론 소론도 찾기 힘들리라.

- 魯숲 마을 : 중국 사신 간 조상, 공자님 나라 魯나라 묘목 가져와 심은 데 유래.

뿌리의 향기

한두현 제010시집

을지출판공사

뿌리의 향기

뿌리의 향기
맡으며 자란 사람

얼굴에
환한 광채 발하며

몸에
향기로운 냄새 나고

말과 행동
신중해 남 헐뜯지 않으며

파렴치한
범죄는 근처에도 가지 않는다

우리는
이런 사람을 뼈대 있다 하고

양반집
자제라고 칭송하며 신뢰하게 된다

또한
이런 사람은 아무리 잘못해도 2류지

3류 4류로
타락하지 않는데 요즘 정치권을 보노라면

5류 6류로
추락에 추락 거듭하는 꼴 보게 되는 게 괴롭다

우리의 민도
언제 올라 이런 정치인 추방하는 날 올지 아득해

2024년 새해

각공서재에서

中里 한 두 현

차례

제 1 부 무간지옥도 싫다 할 푸틴아 邦

제 2 부 안전 안전 안전

Contents

제 3 부 셀프 생일 선물 삶

Contents

Contents

제 5 부 100세 인생 1000년의 꿈 道

Contents

제 6 부 뭇 생명의 어머니 자연 然

제 1 부

무간지옥도 싫다 할 푸틴아

邦

천 년 묵은 가시 청와대

드디어
빠졌구나 천 년 묵은 가시

고려 숙종
박아 놓아 대대로 썩어 버린

구린내
진동하는 부패 권력의 상징

불쌍한 봉황
목에 걸린 가시 얼마나 아팠으랴

봉황 봉황이여
하루빨리 회복해 싱싱한 몸으로

저 푸른 하늘
훨훨 날아 세계 이곳저곳 거침없이

기대해 보리
우리 배달의 혼 지구촌 물들일 날

2022. 5. 17

북적북적 인파인파

요즘 들어
산책길이 북적북적

오랜만에
활기 되찾은 북촌길

무려 3만여 명
열린 청와대 찾는다니

아주아주
옛날 경무대 갔었지만

청와대가
창경궁보다 넓을 줄이야

진작 진작
개방할 일이지 이제야 하다니

그 넓은
아방궁에 묻혀 귀 막고 눈 감고

그러니
소통도 정치도 제대로 되었겠나

참 잘한 일
더 늦기 전에 활짝 열어젖힌 용기

2022. 5. 20

무간지옥도 싫다 할 푸틴아

개 같은 놈
푸틴아 하고 욕했더니

방방곡곡
개들 들고 일어나 아우성

어찌 우릴
푸틴 놈한테 비유할 수 있느냐고

하는 수 없어
바퀴벌레 같은 푸틴아 욕했더니

이 구석 저 구석
바퀴벌레들 우르르 나와 아우성

어찌 우릴
푸틴 놈한테 비유할 수 있느냐고

아마도 아마도
푸틴이 죽어 무간지옥 갈려 해도

무간지옥
들고 일어나리 저런 몹쓸 놈 받을 수 없다고

어찌하리 어찌하리
무간지옥보다 한 단계 지독한 지옥 만들 수밖에

2022. 5. 24

염치도 모르는 폭염아

폭염아
네가 센 줄은 안다만

KO면 됐지
목숨까지 빼앗다니 너무해

네가 염치를 안다면
장례 기간만이라도 자숙해야지

연거푸
세 명씩이나 앗아가다니 그럴 수가

아무래도
염치도 모르는 불상놈인 게 분명해

하기야
정치판 보노라면 인간도 너 못지않아

무슨 염치로
인간인 내가 너를 책망할 수 있으랴만

그래도 네가
우리 인간보다는 말을 잘 들을 것 같아서

2022. 7. 5

어릴 적 해방의 추억

내가
해방 맞은 건

왜정
소학교 일학년

좋았지
송진 따지 않아

좋았지
쇠붙이 감추지 않아

좋았지
일본 말 배우지 않아

나빴지
전평 파업 보기 싫어

나빴지
앞 뒷산 봉화불 싫어

그때나 이때나
변하지 않은 건 좌익 노동파업

그땐 떼거리 달라
이땐 억대 연봉 더 올려 달라

2022. 8. 16

연산군묘의 푸념 소리

오랜만
방학동 갈 일 있어

연산군묘
들렀더니 푸념 소리

아 그래
짐보다 더 나쁜 놈이 큰 소리

감사원 서면질의에
"아주 무례한 짓이다"라 호통

난 쫓겨나
강화도엘 가 찍소리도 못했는데

상왕인 듯
고대광실에 호위병까지 거들먹거리며

우리 땐
목숨 건 바른 소리 하는 선비가 있었는데

요즘 국회란
숫자만 많으면 제 마음대로라 망조야 망조

언제나
나라가 제 자릴 찾을지 쫓겨난 내가 다 걱정

2022. 10. 6

환생 박헌영 남로당

해방 후
혼란 정국 판박이

어언
70년 세월이 무색

얼마나
고귀한 피로 지켜 낸 나라인데

애국자
이승만 대통령의 환생은 없이

남로당
박헌영은 하나도 아닌 여럿이

남로당
정치파업 또한 다시 살아온 듯

스탈린 모택동 김일성
푸틴 시진핑 김정은으로 재생

걱정 걱정
하늘 찔러 6.25마저 다시 올까 봐

어서어서
자유민주주의 투사 환생환생 바란다

2022. 12. 5

눈 덮인 서울 풍경

사무실
창밖 내려다보니

몰랐다
까치들 저리도 눈이 좋아

삼삼오오
무리 지어 군무를 즐기는 줄

떠오르네
시골 멍멍이들 뛰는 모습 닮아

학교 운동장
학생들 이리 뛰고 저리 뛰며 눈싸움

까치도 멍멍이도
어린이도 흠뻑 내린 눈 흥겨워하는데

믿기지 않네
저 멀리 의사당 지붕 위 시뻘건 핏자국

2022. 12. 25

공평빌딩 화장실

날이면
날마다 들르는

공평빌딩
화장실 바닥 청소

마포로
썩썩 문질러도 될걸

쪼그리고
앉아 브러시로 싹싹

"뭘
그리 힘들게 하시나요"

"내
책임이니까 열심히 해야죠"

"뭐
화장실 바닥을 그렇게까지"

영
마음이 개운치 않으니 무슨 까닭

빈둥빈둥거리며
돈만 챙기는 국회의원의 오버랩일까

2023. 2. 17

좋다 만 늙은 친구

나이
나보다 열 살 위 95세

핏줄
정승 중의 정승 류성룡 직손

우연히
병원에서 만나 아주아주 반겼지

내 사무실
두 번째 온 날 얘기 얘기하다 보니

아니 글쎄
내가 가장 증오하는 주사파 빨갱이라

하와이
농장을 한다며 말끝마다 미국놈 미국놈

이승만도
박정희도 몽땅 나쁜 놈 문재인만 좋단다

동북아평화재단
이사장인 걸 보면 아마도 문재인 끄나풀인 듯

도저히
이해가 안 가 미국 살며 늦도록 못 버린 주사파

2022. 4. 28

제 2 부

안전 안전 안전

구멍 뚫린 보험

아무리
보험사기 판친다 해도

간단한
백미러 사고로 넘어져

자기가
툭툭 털고 일어나 걸어

자기 단골
2층 의원 나보다 잘 올라갔는데

2년 6개월
지나도록 얼마나 사기를 쳤길래

무려 6천만 원
비용이 들었다니 보험사고가 분명

아무리
이 지역에서 소문난 악질이라지만

그냥 두자니
사기범 방조하는 게 되고 뛰자니

이 나이에
일 만들기 싫고 시간 두고 생각해 볼일

2022. 5. 27

주는 마음 따로 받는 마음 따로

어제 큰아들
강의해 150만 원 벌었다니까

아내
자기도 모르게 15만 원 나 줘

말한 엄마도 듣는 아들도
전해 들은 나도 깜짝 놀랐다네

늘 자식한테
주기만 하고 용돈 한 푼 못 받아

얼마나
속에 응어리졌기에 저런 장면이

하기야
만인의 어버이를 자처하는 예수도

11조를 바라는데
어머니라 하여 101조도 안 받는 게

나야 매일 아내처럼
자식 기도를 안 해 그런지 전혀 아니지만

하루도 거르지 않고
빌고 또 비는 엄마는 101조 정도는 받아야 하리

2022. 7. 2

내 고향 찾아준 고마운 고교 동문

교통고 업무과
소모임 담소회 친구

내 고향 노숲
가 보자 가 보자 해서

2022. 7. 9
역사의 한 페이지 썼지

그게 어디 쉬운
일인가 친구 고향 찾는 일

아마도 아마도
궁금증 유발했던 모양이라

내 시에 등장하는
십신조 신도비 가묘 연못 정자

여기저기 앉아
기념사진 촬영 휘휘 둘러보고

오는 길
강천매운탕 집에 들러 쏘가리 매운탕

여주 신륵사 관람
팔십 넘은 늙은이 무리 즐거운 하루였다네

2022. 7. 19

노파 눈에 비추어진 내 모습

파고다 담벼락
공짜 점심 노인 무리

피하느라
우체국 골목 들어서자니

내 또래 노파
길을 막아서더니 뭐라 뭐라

무슨 소린가 몰라
물어보니 여긴 밥 못 얻어먹으니

저쪽 담벼락으로
가야 한다는 말을 하는 게 아닌가

종로 바닥
25년간 누비면서도 이런 일 처음

내 딴엔 그리
안 보이려 늘 흰 와이셔츠 넥타이

나이 먹으니
옷차림 신경 쓴들 아무 소용 없다네

오해받기 싫거들랑
가지 말아야지 구분이 안 되는 내 모습

2022. 8. 2

뺑 뚫린 월요일

부랴부랴
꽉 막힐까 봐

첫 추위
얇은 내복 찾아 입으랴

구운 조기
한 마리 통째 먹으랴

허둥지둥
10여 분 늦게 출발했는데

길이 뺑
갸웃갸웃 생각 생각해 보니

한글날
대체 공휴일이란 걸 모르고서

신나게
달리며 세종대왕 덕 톡톡히 보네

이런 분
열 분만 나왔으면 얼마나 좋을까

2022. 10. 10

꽃 선물

우리 인류
사촌 격인 네안데르탈인

수십만 년 전
무덤 속 꽃씨가 발견되듯

꽃 사랑
동서고금 남녀노소 누구나

이런 고귀한
선물 하나도 아닌 둘씩이나

집에 가도
사무실에 와도 활짝 반겨 준다

꽃 선물
아무나 하는 게 아니라는 생각

집엔
梨水會 회원 사무실엔 工大 대선배

난
아직까지 받기만 했지 한 기억이 없어

언제나
품격 있는 꽃 선물 레벨에 오를지 몰라

2022. 10. 13

꿈의 건널목

젊어선
도랑 같던 건널목

언제부턴가
개천으로 변하더니만

요즘 들어선
강이 되어 두려워지네

아무래도
주어진 시간엔 못 건너

조랑말 타고
딸랑딸랑 건너면 좋을까

노랑 빨강
풍선 타고 두둥실 건널까

쪼그만
당나귀 끄는 마차로 쫄랑

날마다 날마다
점점 늦어지는 찔뚝찔뚝이

밤이면 꿈꾼다네
점점 넓어지는 건널목 묘기

2022. 10. 26

안전 안전 안전

어릴 때
물가에 가지 마라

홀어머니
아들 잃을까 두려워

공장장 20년
기계 불 약품 위험 투성이

안전 안전 안전
하루도 마음 편한 날 없이

아이 넷 MT
가면 퇴근 후 꼭 현장 확인

아이 방
벽 뚫어 화재 시 비상 탈출구

아이 넷
모아 놓고 소화기 사용 훈련 실시

오죽하면
나도 아이들도 누구도 자전거 안 타

하나뿐인
자기 생명 지키는 건 본인 자신이 제일

2022. 11. 1

생명 생명 생명

난
동물의 왕국 즐겨 본다

생명 보존
위한 치열함에 푹 빠져

강자거나 약자거나
목숨 지키기 얼마나 어려운지

잠시
한눈팔다가 먹이가 되는 세상

풍요로운
생활에 젖어 野性 잃어 가는 인간

큰일 큰일이야
위기의식 점차 사라져 가는 현실

한 번 들이쉰 숨
내쉬지 못하면 끝나는 약한 인생

溫室 성장
너무너무 겁 몰라 바깥 세렝게티 초원 판박인데

가르쳐야지
훈련 훈련 시켜야지 자기 목숨 지킬 줄 알 때까지

2022. 11. 4

투구 갑옷 입고 천리마 탄 장군

한
장수 있어

투구 쓰고
갑옷 입고 천리마까지

타고
달린다면 누가 넘보랴

빠른 쎈
화살인들 맞출 수 있으랴

맞춘들
투구 갑옷 뚫을 수 있으랴

저승사잔들
어찌 천리마 따를 수 있으랴

매일 아침
승용차 달리면서 느끼는 소감

난
투구 갑옷 입고 천리마 탄 장군

남에게
피해 안 줄 정도면 운전이 최고 안전

2022. 11. 9

무리의 블랙홀 피하는 지혜

자유
자립 좋아하다 보니

무리 지어
따라다니는 걸 싫어해

술 먹자
하면 못 먹는다 피하고

주식 하자
하면 강남땅 사 돈 벌고

둘만 낳아라
할 땐 넷을 낳아 성공하고

고추 심으라
하면 배추 심어 재미 보고

골프 하라
할 땐 등산하고 책 써 펴내고

데모하자
하면 멀리서 구경하며 즐기고

바다낚시 하자면
뱃멀리해서 안 한다 빠지고

몰려다니는 걸
피하다 보니 무리의 블랙홀 몰라

2022. 11. 10

겉보리 서 말

오늘따라
웬 겉보리 서 말

생각이
머리를 떠나지 않는지

동문 하나
재벌 집 사위 되더니만

전화 동창회
학력란 무 자르듯 잘라

잘 살기
바랐는데 동창회 통한 부고뿐

신문에
간다는 소식 글자 하나 없으니

재벌 사위면
무엇 하나 머슴은 머슴일 뿐 불쌍해

겉보리
서 말만 있어도 처가살이 말라더니

소꼬리보다
닭벼슬이 낫다는 걸 모른 건 아니겠지

2022. 11. 23

친절한 종로소방서

쭈뼛쭈뼛
에라 모르겠다

밀고
들어간 소방서 화장실

얼마나
친절한지 인사까지 받아가며

목마른 건
배고픈 건 참아도 못 참는 소피

어떤 친군
길 떠날 땐 물을 안 마신다지만

건강 위주인
난 마실 건 다 마시다 보니 급할 때 많아

점잖은 처지
노상 방뇨도 못 하다 보니 가끔 바지 실례

율곡로 종로소방서
물비누 화장지 깨끗이 청소하고 나를 반기네

2022. 11. 28

새해 인사 한바탕

새해 인사
한바탕 하고 나니 녹초

어릴 적부터
한 해도 쉬지 않고 해 온

전엔
많고 많은 윗분 찾아다니느라

새벽부터
저녁 늦게까지 동서남북 이리저리

한 분도
빠짐없이 인사를 치르고 나면 기분 짱

언제부턴가
꼭 찾아뵐 어른 많이 가시고 나 힘들어

전화로
여기저기 새해 인사를 하는데 반응 짱

아직도
인사할 분 많고 많으니 얼마나 행복한가

할 수 있을 때까지
나의 전통 이어 가련다 백 살이고 천 살이고

2023. 1. 1

안국역 네거리 신사

건널목
신호 대기 중

낯모르는
70대 초반의 신사

날
힐끗힐끗 보더니만

"건강이
많이 좋아지셨습니다"

"저를
아시나요" 물으니
"그럼요"

"잘하고
계신 겁니다 쭉 그리 하세요"

라며 앞서
휘적휘적 횡단보도를 건너간다

종로거리도
완전 자유는 보장되지 않는구먼

아무리
급해도 노상 방뇨는 생각도 말아야겠네

2023. 2. 9

내 밥집 단골 아무나 하나

내
밥집 단골 일곱 집

매일
한 집씩 돌아 돌아가는

맛에
가성비는 기본 중의 기본

즐겁게
들어갈 때 나올 때 인사

묵언
메뉴 언제나 정해져 있어

밥은
반 공기 국은 큰 사발 가득

어느 집은
생마늘 어느 집은 고춧가루

어느 집은
깍두기 한 사발 김치는 아웃

物質만이 아닌 情에
일반 아닌 특별 서비스까지

2023. 2. 20

제 3 부

셀프 생일 선물

삶

힐링 주는 여인

언제부터
새벽잠 깨어나면

거실 창밖
바라보는 습관 생겨

전등 환한
솔밭공원 힐링 여인 보러

어김없이
나타나 맨손체조 마치고 구보

마치
군대 구보를 보는 느낌이 들 만큼

너무 빠르지도
너무 늦지도 않은 속도로 빙글빙글

짐작컨대
40대 정도 몸매 갖춘 여인이 무엇 때문에

비가 오나 눈이 오나
평일이나 휴일이나 정해진 시간이면 나타나

궁금증 못 참는 나
달려나가 알아보고 싶지만 참아야 하는 나이라서

2022. 4. 15

백내장 수술도 수술일뿐

개도 돗도
다하는 백내장 수술

가벼운 마음으로
양쪽 다 한 번에 했더니

몸이 어찌나
긴장했는지 부어 체중 증가

수술은 수술일뿐
손톱 깎듯 손쉬운 일 아니야

신문도 못 보고
머리도 못 감고 살려니 괴로워

고령자 운전면허
갱신만 아니었으면 그냥 지낼 걸

세상이 온통
새하얀 형광색이 돋보이는 것도 싫고

어쩌나
이미 바꿔 버린 수정체 맞추어 살자꾸나

2022. 5. 8

배불려 준 예산장터

아주아주 오랜
공주 유구 피난 시절

왕복 100리 길
예산 장 엄마와 걸어 걸어

깜짝 놀랐지
맥반석 위 수북수북 새우 더미

한 움큼
듬뿍 집어 입에 넣고 우물우물

시장 구경도
난생처음 남의 것 공짜도 난생처음

빙빙 빙빙
염치 불구 이 집 저 집 돌아 돌아

어찌나 먹었던지
입 안은 깔깔하지만 주린 배는 불룩

되돌아오는 길
세찬 여름 소나길 만나 조갈증 해소

할 수만 있다면
예산 장에서 공짜로 먹은 빚 갚고파

2022. 4. 21

점심 즐거움 뺏기는 날

요즘 종종
점심 즐거움 뺏긴다

빼앗는 녀석
다름 아닌 기상 체중

기준치 200g
넘는 날이면 No Lunch

아침 5시
점심 11시론 조정 어려워

점심 없이
오후 4시경 새참으로 때워

이러다간
매일 바뀌 돌고 도는 단골도

하나둘씩
사라지지나 않을지 은근히 걱정

먹는 것
즐기는 체중이 발목 잡는 아이러니

2022. 5. 21

늘어만 가는 그림의 떡

킬리만자로
등반의 꿈 예전에

천 번 오른
북한산 등산도 그림의 떡

마추픽추
중남미 여행 얼마 전

지구 곳곳
패키지여행도 그림의 떡

뜀박질
접은 지 오래지만

세 살 아이
걸음 속도마저 그림의 떡

불후의 명작
남길 꿈 접었다지만

신춘문예
응모의 꿈마저 그림의 떡

중국어 공부
해 보자던 꿈 사라지고

곧잘 하던
일본어 소통도 그림의 떡

그림의 떡 는다 해도
잘 먹고 잘 자고 잘 싸는 떡 남아 있다네

2022. 6. 6

늘 한 짐 가득 삶의 무게

값진 삶
별건가 짐 옮기기야

누가 누가
숨 쉬는 동안 얼마나

아직 덜 자란
14세 소년이 쌀 100K

내 추억
가장 무거운 짐의 무게

삶이 무거울 때
기준치가 되어 준 기록이지

때론 너무 무거워
저승 문턱까지 가 보곤 했지만

100살이 된다 해도
쌀 10K라도 짊어지고 살련다

산을 옮기진
못할망정 조그만 언덕 하나라도

공부 일 결혼 자식 길러
사회 환원이 기본이다 보니 늘 한 짐 가득

2022. 6. 12

역시 염라대왕

농심
辛라면은 저리 가라

삼양
마라탕 라면 먹다가

품절
찾는 이 없는 모양이라

하는 수 없이
매운 라면 사냥에 나섰지

극한 체험
틈새 라면도 먹을 만하고

불마왕도
둘째가라면 서운할 정도지만

오늘 아침
처음 먹어 본 염라대왕은 압권

이제까지
먹으며 맵다고 말한 적이 없었는데

기분 짱
먹고 한 시간 후 소변이 화끈화끈화끈

2022. 6. 21

싱갱이하다 지각

말도 안 해
머리 두뇌와 했다면

머리카락하고
30분씩이나 싱갱이라

늙으면 어차피
알맹이가 아닌 껍데기라지만

출근은
해야겠고 머리는 덮이지 않아

이리하고 저리하고
안 되면 처음부터 다시 하다 보면

금쪽같은
아침 시간 훌쩍 지나가니 지각이라

오래 사는 것도 중요하지만
업적 아닌 겉치장뿐이라면 생각해 볼일

살다 보면 머리카락이 아닌
깊은 생각과 싱갱이하다 늦는 날도 오리라

2022. 6. 27

나이란 숫자에 불과할까?

사흘간 헤맸다
나이가 숫자인지 아닌지

그도 그럴 것이
우산 하나도 잃지 않던 내가

은행 통장 잃어
3시간 찾다 10분 걸려 재발급

어지나 찜찜했던지
3일간 샅샅이 뒤지고 뒤졌더니

아니 글쎄
금고 아래 서랍 너머에 가 있었다네

찾아 헤맨 3일간
"누가 나이를 숫자에 불과하다 했는가"라고

이제 찾고 나니
"아직 내 나이 85는 숫자에 불과하네"란 느낌

나왔으니 망정이지
꽁꽁 숨어 버렸다면 아마도 10년은 더 빨리 늙었으리

2022. 7. 15

울고 싶어라

아니
성적이 안 나와

학교도
더 좋은 데로 전학

특별 선생도
5명씩이나 붙여서

열심히
아주 열심히 공부했는데

시험 성적
오르기는커녕 빵점이라

재시험
재수강을 볼 수도 없는 과목

아무리
질병에 관한 신의 영역이라 해도

이건
해도 해도 너무해 어찌 이럴 수가

울고 싶어라
울어서 되는 일이라면 열흘이고 백일이고

※아내의 신장기능이 7개월에 45에서 32로 떨어지다니

2022. 7. 20

덤이나 즐기며 살 나이

삶에
꼭 필요한 세 가지

먹는 것
싸는 것 자는 것 외엔

모든 걸
덤이라 생각하며 살아 보세

세수도 덤
외출도 덤
운전도 덤

산책도 덤
신문 읽기도 덤
TV 보기도 덤

병원 가는 것도 덤
시를 쓰는 것도 덤

이것저것 쇼핑도 덤

덤이야
있으면 좋지만 없어도 그만

하루 삶
얼마나 간편하고 부담 없으랴

젊어서야
꽉 짜여진 계획 실천의 삶이었지만

늙은 나이
목숨 유지 말고는 해도 그만 안 해도 그만 덤이라네

2022. 7. 23

의학이 과학인지 요술인지

신장 파동
겪은 다음 첫 의사

노년 내과
ＯＯＯ 교수 걸렸지

의학이
과학인지 요술인지

어찌 이럴 수가
나쁘다는 진통제 다 빼고

반년 동안
얼마나 참느라 고생했는데

신장기능
배나 더 빨리 나빠지다니

횡설수설
말 같지도 않은 설명하느라 뻘뻘

아무리 과학이
발달했다지만 90% 이상은 신의 영역

인간인 의사에게
신의 영역에 관한 질문을 한 게 내 잘못이리

2022. 7. 29

일등공신 닭

난
닭이 좋다

가난한
어린 시절 닭이 있어

육식체질인 나
건강 유지 가능했으리

하루 한 개
암탉 꼬꼬댁 알 낳으면

삼복엔
약병아리 고아 뼈까지 홀딱

돼지고긴 가끔
소고긴 일 년 내내 만나기 어려워

십여 년 선배
일본 가서 가장 나쁜 대접 닭이라 해

놀란 적 있지만
나에겐 소나 돼지보다 닭이 더 친숙해

아마도 닭
어려서 내 몸을 만들어 놓아 그런 모양이리

2022. 7. 6

부산어묵 노점상 아줌마

공평 사거리
부산어묵 노점상

수년간 하루도
빠짐없이 지나다 보니

한 번도
팔아 주지 못해 늘 미안

오늘 처음
새로 나온 시집을 건네며

더우시죠
늘 그냥 지나쳐 미안합니다

아닙니다
머리는 손수 하시는 겁니까

뜻밖에
단정한 내 머리에 관심이라

오랜만에
풀렸다 노점상 지나치기 부담감

소통하면
이리 쉬운 걸 몇 년씩 걸렸구나

2022. 8.4

매운 고추장 한 스푼

속
메슥메슥할 때

냉장고
차가운 매운 고추장

한 스푼
입에 넣으면 속 시원

기운
착 까부라질 때

냉장고
차가운 매운 고추장

한 스푼
핥아 먹으면 기운 짱

기분
울적 우울할 때

냉장고
차가운 매운 고추장

한 스푼
우물우물 씹어 삼키면 기분 활짝

2022. 9. 30

애완복愛玩服 하나

50살
애완복 하나 있어

애완 동식물
하나 없는 나에게

봄가을
한두 주씩 즐겨 입는 콤비

양복
아무리 오래 입어도 10년인데

어찌나
질긴 굵은 실로 잘 짠 원단인지

거기다
우리나라 최고의 이용화 양복점

출생부터
명품이다 보니 풍기는 품격 달라

세상 패션
바뀌고 바뀐다 해도 언제나 새로워

어제도 오늘도
걸치고 지난날 세계를 휩쓸던 추억에 잠긴다

2022. 10. 15

소형 승용차 된 덤프트럭

젊은 몸
덤프트럭이라

달렸지
비포장도로 산길도

실었지
꽉꽉 누르고 눌러

늙은 몸
소형 승용차 되어

달린다
포장도로만 골라

실린다
저울로 달아 정량만

늙었다고
대충대충 하다가는 고장

정신
바짝 차리고 신고 달려야

백 세 인생
지혜로운 운전자만의 몫이라

2022. 12. 13

몸하고 노는 재미 쏠쏠

요즘
몸하고 노는 재미 쏠쏠

오늘
저녁 이 떡 한 쪽 먹으면

내일 아침
계체량 합격 또는 불합격

에누리
없이 딱 맞아떨어질 때

환희
말도 못 해 이런 식인 게지

서른에서
칠십까지 건강검진 한 번 안 받고

몸은
일 잘하는 덤프트럭쯤으로 여겼지

홍삼이나 먹고
가끔 탈이 나는 치질만 아니면 OK

두 번 저승 문턱 밟고
몸은 일하는 도구가 아닌 함께 노는 친구라

2022. 12. 15

하루 걷기 하루 더 살기

오늘도
또 걷는 거야

불평불만
하는 녀석들 많다

치매란 놈
자리 좀 잡으려 하면

폐 질환 놈
쉴 새 없이 움직이니 원

당뇨병 놈
가만히 있으면 좋으련만

아무래도
이놈의 집구석은 편치 않아

움직이기
싫어하는 집들도 쌔고 쌨는데

옮겨야지
옮겨야 해 마음 편히 거처할 집으로

한 놈 두 놈
떠나가니 하루 걸으면 하루 더 살 수밖에

2022. 12. 20

손자 코치라 이 나이에

자식 넷
명코치로 해냈지만

뜬금없이
이 나이에 손자 코치라

그것도
대구에 있는 녀석 비대면

더군다나
성적 올리기다 보니 어려워

아무튼
내 팬 손자라 팔을 걷어붙였지

체중이
병역면제 수준이라 팍 끌어 올리고

집에선
늘 드러누웠던 걸 의자에 똑바로 앉아

하루 한 권씩
명작이나 유명 서적 읽고 독후감 얘기하기

하루 두 시간 이상
빨리 걷거나 뛰기 등산하기 맹훈련 중이라네

2022. 12. 30

기분 좋은 안과 진료의 날

요즘
피로가 겹쳐

아침
컨디션 별로라

몸살 약
중독성 걱정 안 먹고

시력 검사 중
여자 검사원이 뭐란다

네라고
물으니 아주아주 멋져요

레지던트 선생
시력이 아주아주 좋아요

백내장 수술주치의
시력이 너무너무 좋아요

선생님이
수술을 잘해 주셔서 그렇지요

어느덧
몸살기는 어디론가 사라졌네

2023. 2. 8

난 2.12 생일날을 좋아해

윤회해
몇백 번 다시 태어나도

생일날은
입춘이 막 지난 2.12에

2.12
좋긴 좋은 날인가 보다

미국에선
가장 위대한 아브라함 링컨이

유럽에선
세계적인 석학 진화론자 다윈이

한국에선
세계적 재벌 삼성창업자 이병철이

학창 시절
생일 자랑하다 "야 미국은 날짜가 틀려"

"야 내 태어난 時가
오후 6:20이라 미국 날짜와 같단 말이야"

친구 지적에
얼른 난 時를 떠올려 위기를 모면 식은땀

2023. 2. 10

셀프 생일 선물

1938. 2. 12
양력 내 생일날

해마다 2. 12
날짜로 시집 출판

이게 바로
내가 나에게 주는 선물

올해는
여기에 더하여 아주 크고 큰

3억짜리 선물
팔방불십층석탑八方佛十層石塔

나의 셀프
생일 선물로 받았으니 아주 흡족

八方佛十層石塔

2023. 2. 12

覺空居士　韓 斗 鉉 作

1 王妃.　3 政丞.　6 判書
각각 비문에도 세운 날짜 2. 12

100세 인생
1,000년 10,000년의 돌에 새기다

2023. 2. 12

팔십육 회 생일날

가장
사랑하는 아내가

미역국
냉이 나물 북어찜

축하
하러 대구에서 온

가장
사랑하는 아들에

가장
사랑하는 손자라

큰아들은
태국 진상품 가져오니

갑자기
국제 생일잔치가 되어 버린 데다

3억짜리
팔방불 10층 석탑까지 받았으니

아무튼
오래오래 살고 볼 일이야 마르고 닳도록

2023. 2. 12

링컨이 생각나는 계절

어려서
봄은 잔인했다

돈이 없어
중학 진학을 못해

전교 수석인
나의 등엔 지게가

형 아버지
있는 애 등엔 책가방이

산으로 들로
나가며 남몰래 울 수밖에

그때
나에게 용기를 준 이가 링컨

그래그래
나도 독학해서라도 대통령 돼야지

그래서
털보에 거칠게 생긴 링컨을 좋아한다

지금도
미국 여행 중 가장 남는 추억은 링컨박물관

2023. 2. 13

헐어 버린 집터 하나

우정국로
헐어 버린 집터 하나

올 적 갈 적
신경 쓰이는 물건이라

헐었으면
빨리 재건축을 하든지

일 년이 넘도록
빼찔러 놓고 눈살 찌푸리게

일반 건물이면
말도 안 해 여러 해 종친회

사무실
고운 정 미운 정 찌들어 붙은

거기다
내가 좋아하던 집안 형님 건물

어쩌다
쓰레기 더미만 쌓여 가는 흉물 되어

그렇다고
산책길 변경하긴 싫고 오늘도 견딘다네

2023. 2. 21

제 4 부

뿌리의 향기

人

100리 안 인물 韓晩愚 할아버지

한만우
나의 할아버지

딱히
내세울 게 없는

학력이래야
서당공부가 전부이고

하다못해
면장 하나 한 것도 아니고

자수성가래야
천석꾼이 된 것도 아닌 소부

그러나 그냥
지나치기엔 아까운 할아버지

정의하련다
100리 안[內眼] 인물이었노라고

말씀 듣자면
어찌나 사리판단이 정확하신지

사방 100리 안
이만한 인물 찾기 어려웠어라

1957년 돌아가시니
수많은 교우 보낸 만장 하늘 덮었네

2022. 8. 19

100리 안 인물 韓晩愚씨 일화 1

1898년 9살
안성에서 80리 길 양자

가을 되자
생가 어머니 보고 싶어

가마 타고
온 길 홀로 걸어 걸어

남한강
나루터에 도착 사공에게

여보게
난 어디 사는 아무개인데

뱃삯이
없어 그러는데 건네주게나

도련님
그리합죠 선선히 들어주어

아무리
반상이 뚜렷한 시대라 해도

범상치 않다
느꼈기에 하게 하는 어린이를 선뜻

2022. 8. 20

100리 안 인물 韓晩愚씨 일화 2

사공 덕에
남한강을 무사히 건너

타박타박
걸어가는데 배가 쫄쫄쫄

들뜬 기분에
아침도 설치고 점심도 걸러

해는 뉘엿뉘엿 석양
아무래도 하룻밤 자야 될 형편

양반 체면에
노숙할 수도 없어 여관을 찾아가

어디 사는 아무개인데
노자는 없고 하룻밤 신세 질 수 있겠나

네네 도련님
들어옵쇼 선선히 허락해 들어가 앉자니

여관집 아들
아버지 하게 하는 애를 어찌 받아 주나요

자칫 잘못하다간
쫓겨나게 생겼는데도 계속 하게 하며 하룻밤

2022. 8. 21

100리 안 인물 韓晩愚씨 일화 3

조석거리
걱정하는 사대부 집안

한만우 소년
결혼하자마자 신부와 약속

콩나물죽
3년 먹으며 재산 모으자고

3월 보름
신랑 생일이라 밥 지어 드리니

열어 보고
아무 말 없이 밥그릇 들고 문밖

뚜벅뚜벅
걸어가 담벼락 밑에 쏟아 버리니

생일 아침
콩나물죽도 못 들고 생으로 굶었다네

2022. 8. 22

100리 안 인물 韓晩愚씨 일화 4

조선 말기
호랑이 출몰하고

부엉이
승냥이 소리 요란한 밤

강원도
산밑 밭에서 떨그럭 떨그럭

호미에
돌 부딪치는 소리 들려온다

갓 혼인한
신랑 신부 묵혀 있는 돌밭 헐값에 사

누가 볼세라
밤마다 몰래 나와 옥토 만들고 있었네

노력 헛되지 않아
중년엔 200석지기 시골 부자 이루었으니

이만하면
근검절약만으로 자수성가한 모범 인물이어라

2022. 8. 23

100리 안 인물 韓晩愚씨 일화 5

한만우씨
보물 보따리 세 개

지식 지혜
옛날 얘기 보따리라네

책도 신문도
라디오도 없는데 어디서

그리도 많고
많은 이야기를 채집했을지

어느 성우보다도
따라갈 수 없을 만큼 맛깔나게

명판결
얘길할 땐 마치 명사또가 되어

범죄인
수사를 할 땐 마치 명탐정이 되어

내 인격
완성의 절반은 할아버지 얘기 덕분

오죽하면 내가
이야기 인성교육 620마당을 썼으랴

2022. 8. 24

100리 안 인물 韓晩愚씨 일화 6

툭하면
영장 하나 없이

들이닥쳐 뒤지던
왜정시대 밀주단속반

나타났다 하면
누룩이나 술 단지 들고 뛰었지

어쩌다 들킨
할머니 술 단지 대뜰에 올려놓고

막 조서 쓰려는데
외출한 할아버지 들어오며 상황파악

집이 떠나갈 듯
큰 소리로 집구석에서 뭣 하는 짓이야

할 일이 없어
술이나 담그고 에이 몹쓸 것들 같으니

뚜벅뚜벅 걸어가
술 단지 번쩍 들어 마당에 내팽개쳐 박살

혼비백산한
단속반원 영감님 고정합쇼 라며 줄행랑이라

2022. 8. 25

100리 안 인물 韓晩愚씨 일화 7

재산
날로 늘어나 부자

자식
아들 둘 딸 하나

둘째 아들
공부 잘해 서울 유학

집안
승승장구하는 형세에 얻은

맏며느리
가짜 임신 가짜 낙태 촌극이라

태어날
자손 생각하면 의당 내칠 일인데

무슨 까닭
나로서는 도저히 이해 안 가는 결정

좋게좋게 해석하면
집안 융성보다 한 인간에 대한 자비심

한만우 씨
이 판단 큰아들 집안의 번성 막았다네

2022. 8. 26

100리 안 인물 韓晩愚씨 일화 8

차라리
수도승이셨다

늘
무명옷 삼베 고의적삼 고무신

늘
죽이면 죽 밥이면 밥 국수면 국수

말술 소문뿐
단 한 모금 마시지 않는 절대 금주

하루 종일
점심 굶어 가며 차 안 타고 걷는 일

일꾼 둘
쉬어도 될 처지에 늘 호미 들고 밭으로

큰아들 큰손자
호미 든 걸 본 적이 없을 만큼 상관치 않고

어려 살림난 나
땅을 사든 소를 사든 일체 간섭받지 않아

심지어 피난길
조치원에서 독립선언해 갈라서도 묵묵 인정

입신양명
관심 없으신 듯 공부 잘해도 칭찬 한 번 안 해

탐욕 일찍 내려놓고
담담히 남은 생 살다 가신 득도의 경지 오른 삶

2022. 8. 27

100리 안 인물 韓晩愚씨 일화 9

1957년
교통고 2학년 여름방학

할아버지
편찮으시다 해 뵈러 고향

들어가 뵙고
얘길 나누는데 일으켜 달라신다

앉으시자마자
"네 아빈 잘 살다 간 인생이다"라신다

깜짝 놀라
"네? 26세에 돌아가셨는데 어찌?" 반문하니

"이 세상에 태어나

부모 밑에서 잘 자랐지
공부도 할 만큼 해 보았지

결혼도 해 보았지
자식도 낳아 보았지
직장 생활도 해 보았지

이만하면
만족한 삶이지 뭘 더 바라겠느냐?"

충격 충격
처음이자 마지막 나눈 인생 이야기

韓晩愚씨 일화
잊히는 게 싫어 쓴다만 저승 할아버진 뭐라 실는지?

2022. 8. 28

100리 안 인물 韓晩愚씨 일화 10

李鐘男
할머니 명의 전답이라

할아버지
돌아가신 후 재산 관리하다

깜짝 놀랐지
호랑이 담배 먹던 시대인데

아마도
함께 일군 재산이라 그리하신 듯

아무튼
너무너무 애처가라 늘 할머닌 응석

진지
안 잡수신다고 술은 떨어지지 않게

할머니
돌아가시니 가까운 뒷동산에 모시고

매일매일
산소에 난 풀 뽑으며 우두커니 소일

돌아가신 지
8개월 되어 마나님 곁으로 가신 잉꼬부부

2023. 1. 5

할아버지 韓晩愚 할아버지

네 띠동갑
호랑이띠라 그랬나

어려서부터
기 싸움 늘 내가 이겼지

못 이기는 척
번번이 져 주시던 할아버지

어쩌다
수도승처럼 사시게 되었는지

환경이
그리 만들었겠지만 너무 하셨어

재산이 있는데
당신한테는 의식주 어느 것 하나에도

투자하질 않아
마치 가난한 절 스님처럼 살다 가시다니

어제 마라탕
오늘 해장국 먹으면서도 마음이 아플 정도라

한 세대 위이신 외조부
비슷한 재산가이지만 호화롭게 살다 가셨는데

2022. 8. 30

멋쟁이 李熙英 외할아버지

최신 문물
구경하고 싶거든

문막
개나루 맹골댁엘 가라

왜정 때부터
화신백화점 VIP 외조부

누구보다 먼저
미싱이며 괘종시계며 펌프며

외가엘 가면
거북이며 토종꿀이며 석류며

잘 꾸며진 정원엔
갖가지 꽃이 만발하니 별세계

비단옷에

번쩍번쩍 빛나는 회중시계 차시고

탕건에 한시
읊조리시던 외할아버진 참 멋지셨다

천재교육
지나쳐 아들 둘 일찍 잃으시고도 꿋꿋이

외할머닌 유방암
외할아버진 당뇨로 경성제대병원 다니셨을 만큼

본인에 대한 투자도
당시로는 짐작조차 하기도 힘들 만큼 적극적이셨지

어려서 주신 암송아지
늘리고 늘려 피난 갈 때 살게 해 주신 외할아버지
은혜 감사 감사

2022. 9. 1

멋쟁이 李熙英 외조부 일화 1

임진왜란
이여송 8만 대군 군량미

공급 중 순직한
호조판서 波谷 이성중 11대손

李熙英 외조부
평생 유학자로 삼강오륜 실천

단발령 항거 상투
밤이면 밤마다 형님에 저녁 문안

콩 한 알 생기면
형님과 반반씩 나누어 드신 우애

땅을 사고팔 땐
형님께 어찌 어찌 하겠다 보고 하는데

어머니께
하신 말씀 재산이 훨씬 많으신 형님이

무슨 까닭
당신이 하는 일은 아우에게 비밀로 하는지
아무리 약속해도
내색 안 하고 묵묵히 자기 할 도리 실천하신 분

2022. 9. 3

멋쟁이 李熙英 외조부 일화 2

外陳外家
용인 원삼 맹골 양천 허씨

천재 집안
허균 허난설헌의 일가라 그랬나

첫아들 둘째 아들
신동이라 외조부 천재교육 한다

밥 많이 먹이면
둔해질까 봐 절식시키던 중 잔칫날

돌아다니며
떡이며 고기며 닥치는 대로 먹다가

한날한시
토사곽란으로 한꺼번에 잃는 참상

천재교육 허사라도
진취적 의지 높이 평가할 만하다네

교육에 깊은 관심
공부보다 먼저 건강 챙기게 된 나

지금 이 시각에도
외할아버지 보며 살아가고 있음이라

2022. 9. 4

멋쟁이 李熙英 외조부 일화 3

신동 아들 둘
한꺼번에 잃으시고

얻은 딸 둘
언닌 아둔 아운 총명

언니 李光教 이모
천자문 명심보감 겨우

아우 李晃教 엄마
사서 (논어 맹자 중용 대학)
삼경 (시경 서경 주역)까지 술술

왜정시대라 해도
사서삼경 통달한 규수 찾기 힘들어

모처럼
아들에게 풀지 못한 교육열 딸을 통해

이희영 외조부님
둘째 딸 열성을 다해 유학자로 만든 공

헛되지 않아
하나밖에 없는 외손자에게 잘 전수되어

올곧게
살아가려고 어제도 오늘도 내일도 뛴답니다

2022. 9. 5

멋쟁이 李熙英 외조부 일화 4

최첨단
좋아하신 외조부

경성제대
의학부 생기자마자

마나님
유방암 진단 수술

당신
당뇨병 치료한다 입원

당시로선
아주아주 보기 드문 일

당뇨엔
두부가 좋다 해 사시사철

냉장고 없던 시대
여름이면 펌프 물에 담그며

식사량
일정량으로 매끼 저울에 달듯

수명 연장
최선을 다해 노력하다 가신 분

2022. 9. 6

멋쟁이 李熙英 외조부 일화 5

석공 정 망치
쪼고 다듬어 만든 석물

우마차로 몇백 리
산꼭대기 밧줄 영차영차

묘지 석물
집 몇 채 값이던 왜정시대

부자 형님 외면
아우 홀로 조상 산소 석물 시행

먼저 가신 마나님
높디높은 포진리 뒷동산 묘소에도

엄마 얘길 들으며
크면 아버지 산소 나도 꼭 하리라

회갑 전 가신 두 분
사갑死甲 맞아 할아버지 큰아버지까지

이어 이어
종손 부실해 여기저기 실묘 위기 산소

十神組 천상마을
신도비 비석 문관석 망두석 상석 조성

매년 음력 시월
자손들 모여 시제 올리니 외조부 덕이라네

2022. 9. 7

멋쟁이 李熙英 외조부 일화 6

외할아버지
사람도 정보도 좋아해

사랑방 식객
사시사철 끊이지 않아

유명한 지관 오자
사돈 산소 자리 부탁해

우리 선산에
명당자리 하나 잡았는데

아 글쎄
사돈보다 사위가 먼저 가자

할아버지
욕심도 없이 작은아들에 양보

아버지 산소
좋은 자리답게 자손 번창 평안한데

늦게 돌아가신
할아버지 큰아버지 이리저리 이장 신세

일찍 돌아가셔
명당자리 차지했으니 참 아이러니한 일

2022. 9. 8

멋쟁이 李熙英 외조부 일화 7

혈육 손자
단 하나뿐인 외손

갓 태어난 송아지
뒤뚱뒤뚱 따라다니자

외조부 사랑방
내다보시다가 한 말씀 툭

두현이가
소를 좋아하니 저 송아질 주렴

선물 받은 송아지
남에게 줘 자라 새끼 낳으면 주고

큰 소 도짓소로
빌려 주면 일 년에 쌀 한 가마까지도

가난했던 시대라
외조부 주신 송아지 늘지 도지 받지

한때 다섯 마리
늙은 소는 팔아 땅 사는 데 보태 쓰고

6.25 피난길
고대광실 문전옥답 아무 도움 되지 못하지만

소는 아주 유용
짐 싣고 가지 일 년간 피란 생활비 되어 살았다네

2022. 9. 9

외할아버지 李熙英 외할아버지

외할아버지
생각날 때마다

왜 자꾸
미안한 마음 앞서는지

받은 은혜
되도록 다 갚았으면 싶은데

外자 하나
붙으니 아무것도 할 권리 없어

산소도 석물도
멋지게 꾸미고 비문도 활기차게

내 나이 겨우 두 돌
나눈 대화라도 있다면 좋았을 텐데

詩文 하나
챙기지 않아 遺稿集도 만들 수 없어

허나 허나
분명한 공적은 어머니 잘 교육시키신 것

공 헛되지 않아
외손 대단한 교육열에 조상 잘 모시고 산답니다

2022. 9. 12

뿌리의 향기

두터운
껍데기 뚫고 나온

새순 새싹
온 세상을 얻은 기분

무럭무럭
자라니 자기도취에 빠져

아무것도
보이지 않는 시절 지나자

이웃 친구
장마 태풍에 쓸리고 뽑히는 걸

볼 때쯤이면
뿌리의 고마움을 깨닫게 되지

잉태한 열매
겸허한 마음으로 보듬어 익혀

찬 바람 불어오면
한알 두알 한잎 두잎 떨어뜨리고

뿌리의 향기
찾아 기나긴 여정 마무리하는 생명의 길

2022. 9. 21

제 5 부

100세 인생 1000년의 꿈

道

맺은 인연 고이고이

날이 갈수록
맺은 인연 하나 둘씩

사라져 버리는
나이다 보니 아쉬워

오늘도
보낸 시집 돌아온 친구

물어물어
전화 걸어 찾고 찾으니

예상외로
상대방도 이심전심 반긴다

하나 사라지면
하나의 공백이 생기는 나이

보석 같은 인연
고이고이 가꾸어 나가시게나

이승 인연뿐이랴
저승 인연도 잘 챙기면 더 좋지

2022. 4. 23

*오늘 82주기 아버지 기일, 밤중 제사 여법하게 모시고 나서

엄마 유품 하나 예쁜 도장

반세기
세월이 삼키고

이리저리
이사가 삼키고

칠면조
생활 방식이 삼키다 보니

어머니
유품 하나 둘 사라져 아쉬웠는데

어느 구석
숨었다 굴러 나온 예쁜 엄마 유품

어디 쓰셨나
언제 어디서 누가 새겼나 알 길 없지만

또렷또렷한
李 晃 敎 세 글자 엄마를 만난 듯 반가워

엄마 손때 묻은
장독대도 절구통도 다듬잇방망이도 사라진 이때

나타나다니
아무리 세월이 가고 세상이 바뀌어도 영원히 간직
하리

2022. 4. 30

인연이란 자기 얼굴

길 가다가
착한 사람 만난다면

지난 세상
자기가 행한 착한 자기 얼굴

길에서
악당 만나 봉변 당한다면

지난 세상
자기가 저지른 흉한 자기 얼굴

자기 자식
공부 잘하고 말 잘 듣는다면

지난 세상
자기가 영리하고 착한 자기 얼굴

자기 자식
말 안 듣고 당신 속 썩인다면

지난 세상
자기가 부모 말 잘 안 들은 자기 얼굴

하는 일마다
돕는 이 많아 잘 이룬다면

지난 세상
자기가 주위에 많이 베푼 자기 얼굴이라네

2022. 6. 2

동병상련 형광등

달포 전
책상 위 형광등

삼사일
껐다 켰다 반복해도

꿈쩍도 하지
않아 하는 수 없이

전기과에
교체 주문했더니만

이게 웬일
다음 날 아침 들어오네

켜자마자
들어오는 건 아니지만

마치 내
기억이 뜸 들이다 돌아오듯

열 번이고 백 번이고
네가 켜질 때까지 켤 테니

너무 두려워하지 마라
교체야 인간인 나도 싫어하니까

2022. 6. 4

갈비뼈 나가는 줄

넓디넓은 보도
지팡이 짚고 휘적휘적

뒤에서
난데없이 다 큰 여자아이

뛰어오면서
왼쪽 갈비뼈를 후려치다니

비틀비틀
"뭐야" 소리쳤지만 무반응

발달장애인
서울경운학교 교문 근처라

미안합니다
한마디 듣지도 못하고 용서

아마도 아마도
언젠가 내가 저 애를 쳤던 모양

원인 모를 일
전생의 업보로 생각하는 수밖에

2022. 6. 22

하늘이 돕는다는 느낌

한두
번이면 말도 안 해

오죽하면
지난날 회사 승용차 기사가

누구
행차신데 비가 꼭 그칠 겁니다

어제만
해도 밤새 비가 내리고 일기예보도

하루 종일
장맛비가 내린다 해 우산 준비했는데

우산은
펼쳐 보지도 못하고 날씨만 시원하다니

하늘을
위해 내가 한 일은 아무것도 없는데 어찌

다만 하늘
거스르는 일을 하지 않으려 노력했을 뿐인데

문득문득
하늘이 나를 돕고 있다는 느낌을 받게 된다네

2022. 7. 8

흙에 묻힌 보석 신륵사

무려
20여 년 지나 다시 와 보니

어찌
이리도 흙 속에 묻힌 그대로

마치
추기경 손에 들린 석가 사리처럼

아니면
목사 손에 들어간 팔만대장경처럼

갖고 있긴 싫고
버리자니 주위 눈이 무서워 엉거주춤

서울에서 번쩍번쩍
조계사 도선사에는 하나도 없는 보석

무려
8개씩이나 갖고 세종대왕 영릉 원찰에다

남한강 변 너른 대지
나옹 선사를 비롯한 수많은 숨은 얘깃거리

내가 주지 3년만 하면
보석 반짝반짝 신도 북적북적 목탁 소리 이어지는
사찰

2022. 7. 11

남의 떡 내 죽만 하랴

친구 반지
다이아몬드라 한들

내가 낀
한 돈 금가락지만 하랴

옆 손님
한우 갈비 좋다 한들

내 먹는
미국산 갈비만 하랴

강남 친구
아파트 크다 한들

내 사는
강북 아파트만 하랴

이웃 학생
전교 일 등 한들

내 자식
반 일 등만 하랴

남의 떡
아무리 좋다 한들

먹을 수 있는
내 보리개떡만 하랴

2022. 9. 29

한 그루 나무 인생

봄
싹트는 한 그루 나무 인생

사계절
채우고 사라지긴 쉽진 않아

내 나무
7월 두 번 태풍에 쓰러질 뻔

아찔아찔
견디어 냈으니 망정이지 갔다면

세상에 태어나지
못한 일들 얼마나 날 원망했을지

아직도 아직도
하고 싶은 일 많고 많아 하고 하리

엄동설한 만나
숨 쉴 수 없어 천명 다하는 날까지

산전수전 겪고
올곧게 잘 자란 나무 화목이야 면하리란

야무진 꿈까지
꾸어 가며 하루하루 살아 있으매 희열 느끼며

2022. 10. 5

할로윈 축제의 오만

켈트족
엉뚱한 할로윈 축제

천당 지옥만
믿는 문화라 해도 어찌

저승문 열려
나온 영혼 속이며 놀다니

제사 49재
천도재 모르는 문화라 해도

저승에 있던 조상
헐레벌떡 자손 만나러 뛰어왔는데

집에 못 들어오게
갖가지 꾀를 내어 쫓아낼 방편을 쓰다니

문 활짝 대청소
목욕재계 대접할 음식 마련 마중 나갈 일

위로해도 부족할
귀한 영혼 내쫓는다니 인간 무례 오만의 극치

아무리
엉터리로 쓴 소설이라 해도 이건 아니지 아니야

2022. 11. 14

언제나 흐뭇한 고사

올해도
어김없이 10월 상달

맛난
호박고지 찹쌀 팥시루떡

한 시루
푸짐하게 쪄 놓고 탁주 곁들여

조상신 터주신
성주신 조왕신 삼신신 잡신들께

정성껏
고사를 지내고 이웃에 떡 돌리니

명절일세 명절
가신家神의 명절이라 춤을 춘다 집안 神들

얼씨구절씨구
요즘 제 조상도 굶기기 일쑤인데 우리까지

도와야지 도와야 해
성심성의를 다해 평안한 가정이 영원하도록

2022. 11. 22

100세 인생 1000년의 꿈

공룡도
억년 발자국 남기는데

인간이
1000년의 꿈 마다하리

짧디짧은
100세 인생으로 태어나

발자국
남기지 못한다면 너무해

행성이
지구에 헤딩해 빙하기가 오든

핵전쟁이
온 지구를 불바다로 만들어 놓든

지구가
통째로 소멸하지만 않는다면 존재할

아주아주
작은 흔적이라도 천년인들 억년인들

무에 길어
길이길이 남기지 못하리 남기지 못하리

2022. 12. 9

콩나물 DNA

오늘도
콩나물국 백반 먹었다

언제
어디서나 만나도 반갑고

먹고
또 먹어도 물리지도 않는

겨울철이면
아랫목에 늘 있던 콩나물시루

어려서
툭하면 콩나물죽 많이도 먹었건만

우리 조상
얼마나 먹고 살기 어려워 콩나물 연명

이리도
끈적끈적한 콩나물 DNA가 핏속에 흘러

어머니를
만난 듯 조강지처를 만난 듯 반가울 수가

뭐니 뭐니 해도
공주 피난 때 박 선생댁 콩나물죽이 一味

2023. 1. 6

건강 유지의 지혜

어제
손자의 늦잠

친구
일찍 방문 대접

비
오는 거리 산책

동문
만남이 길어지다 보니

오늘
아침 몸살기가 다가와

쉴까
출근할까 망설 망설이다

에이
모르겠다 일요 출근 결정

비
나리는 새벽 길 달리자니

기분이
번쩍 기운이 솟아나 시 한 수 쓰네

2023. 1. 15

한 끼닐 먹어도 인격

어느 추운 날
단정히 차린 한 여인

함께 탄
엘리베이터에서 내리자

쏜살같이
내 식당으로 들어가더니

아니
내 지정석에 외툴 벗고 앉네

하는 수 없이
난 다른 자리에 앉으려 하자

벌떡
일어나 다른 자리로 옮겨 간다

거기까진
좋았는데 나와 똑같은 고등어구인데

모양이
반듯하지 않다고 퇴짜 또 퇴짜를 놓는 게야

여사장 쫓아가
설명해도 안 듣자 "다신 오시지 말라" 심한 말까지

난 그의 퇴짜 물
깨끗이 먹어치우고 나오니 기분 좋다고 손뼉을 치네

2023. 1. 16

세월의 속도야

어제가
입춘이더니

오늘은
정월 대보름이구나

세월아
좀 더 빨리빨리 달리렴

어떤 이
나이 들면 세월이 쏜살같다지만

난 나는
초음속으로 아니 초광속이었으면

만일
생이 목적지가 있다면 늦길 원하겠지만

생이
목적지가 아닌 엔진이 다할 때까지라면

원하리라
지구 중력 밖 넘어 북극성도 지나 지나길

2023. 2. 5

좋든 싫든 인연은 소중

한평생
맺어지는 인연

어찌
우연이라 하리오

전생에
빚진 인연 싫은 낯으로

전생에
베푼 인연 좋은 낯으로

좋은 인연
빚 받는 처지라 탈이 없지만

싫은 인연
빚 받으러 온 처지니 신경 써야지

그걸
모르고 화내며 칼로 싹둑 자른다면

화내지 않으리
받아야 할 빚 주지 않고 쪽박 깨는 꼴

살아가며
원한 맺기 싫거든 빚진 인연 잘 처리해야지

2023. 2. 15

제 6 부

뭇 생명의 어머니 자연

然

봄 풍경

벚꽃
머리 위 벚나무에 활짝

저승꽃
벤치 위 할매 얼굴에 활짝

벚꽃
몇 날 지나면 뚝뚝 떨어지지만

저승꽃
몇 년 지나도록 찰싹 붙어 있으리

벚꽃
졌다가도 해 바뀌면 다시 핀다지만

저승꽃
한 번 지면 영영 다시 필 수 없는 운명이라

2022. 4. 13

한잠 푹 자고 나니

한잠
푹 자고 나니

빙판 길
꽃길로 바뀌었고

한잠
푹 자고 나니

꽃길
낙엽 길로 바뀌었고

한잠
푹 자고 나니

낙엽 길
눈길로 바뀌었구나

2022. 4. 18

본능에 충실한 즐거움

억수 같은
비가 쏟아지면 나가라

무에 겁나
방구석에 틀어박혀 있으랴

태풍 불면
밖에 나가 몸을 맡겨 보아라

비바람 소리
어느 가수가 이처럼 노래 부르랴

홍수가
벌판을 휩쓸고 달리거든 손뼉을 치렴

누구도 흉내 낼 수 없는
저 우렁찬 교향곡 어찌 박수가 빠지랴

네가 지은 게
아닌데 남 이목 두려워 점잔 빼지 마라

수백만 년 전 진화의 산물
우리의 본능 종교 윤리 도덕 더덕더덕 덧씌워

숨 막힐 지경
남에게 폐 끼치지 않는 범위 마음껏 본능 즐기리

2022. 8. 10

뭇 생명의 어머니 자연

세상 온통
삼키던 폭우 그칠 줄 모르더니

언제
그랬냐는 듯 오늘 활짝 개었네

비가 오면
시원해 좋고 해가 나면 더워 좋구나

투덜대지 마라
폭우든 폭설이든 태풍이든 가뭄이든

엄마 사랑
어떤 자식에게도 공평 다만 자식 문제

산사태
지역 살며 산사태 안 나길 바라지 말고

강바닥
집 짓고 폭우 쏟아지지 않길 바라지 마라

어제오늘 일이더냐
수수 백만 년 겪으며 우리 몸속 박힌 DNA

잠시 잠깐 잊은
교만이 부른 참사인 걸 누굴 탓할 수 있으랴

2022. 8. 12

커튼 거둔 가을 하늘

커튼 거둔
새맑은 가을 하늘

하늘 사람
얼마나 부지런하길래

찾아도 찾아도
티끌 하나 보이지 않는구나

이런 날이면
옷깃을 여미고 당당히 걷는다

내려다볼
하늘 어린이한테 모범 보이려

인적 드문
후미진 곳이라도 소피를 참네

그런데 그런데
하늘 향해 주먹질하는 저들아

참으렴 참으렴
이런 날일랑 천벌 받을까 두려우니

2022. 9. 25

춘하추동春夏秋冬의 하루

요즘
일교차 어찌나 큰지

일찍
출근하면 쌀쌀한 겨울

감기
들세라 얼른 히터 틀고

해 떠
따뜻해지면 봄이 와 있다가

동남향
햇빛 쏟아져 들어오면 여름이라

냉큼
에어컨을 틀어 산뜻한 바람 쐬다가

산보 나가
의자에 기대 낙엽 지는 가을 본다네

오늘도
춘하추동 다 겪었으니 또 한 살 먹다니

이러다간
나도 三千甲子 東方朔처럼 되는 게 아닐지

2022. 10. 21

야호야호 강추위

갑자기
강추위 영상이던 날씨

야호야호
옷장에서 터져 나온 함성

오리털 파카
머플러 데리고 앞장서는데

뒤질세라
털 내복 가죽 장갑 줄줄이

뒷방에선
뭐 뭐 뭐 얼마나 춥길래 야단

중학 시절 40리 길
귀뿌리 얼어 터지던 문막강변 추위

내복도 없이
지게 지고 산에 나무하러 다닐 때 추위

방 안에 물
꽁꽁 얼고 벽엔 하얀 서리가 끼던 추위

추위의 추억들
너도나도 따라나서며 하는 말 에이 이까짓 걸

2022. 11. 30

도전하는 즐거움

빙판 길
혹한 일요일 고령자

거기다
새벽이라면 당신은?

아마도
따뜻한 이불 속이겠지

언제나
나는 도전을 즐긴다네

우선 애마도
빙판 길 걱정일랑 마세요

덩달아 파카도
혹한 까짓것 별거 아니지

80 후반도
백세시대에 무슨 고령 타령

주위 친구들
너도나도 뛰쳐나가려 하다 보니

오늘도 즐긴다
새벽같이 차를 몰고 출근 산책 찬바람

2022. 12. 18

영하 25도 강추위 맛

체감온도
영하 25도 강추위

나갈까
말까 망설이다가

에라
모르겠다 나갔더니

손 시려
발 시려 귀 시려 코 시려

손 꽁꽁
발 꽁꽁 귀 꽁꽁 코 꽁꽁

손 곱아
발 곱아 귀 곱아 코 곱아

너무 오래
온실 집 사무실 승용차에 익숙

까맣게
잊어버릴 뻔한 단어 되찾은 기분

역시 밖이야 밖
추우나 더우나 바깥바람이 보약

2022. 12. 23

中里 한두현(韓斗鉉) 시인

■ 약력

- 1938년 서울 상왕십리 출생.
  부친 별세로 고향인 강원 원주 부론 노숲 성장(돌 때부터)
- 초등학교 6학년 때 6.25발발 2년간 농업에 종사하느라 진학이 늦어짐
- 중학 3학년 때 학생회장으로 정의심 발동으로 전교생을 7일간 동맹휴학으로 이끌어 목적을 달성하였으나, 장기정학처분 및 수석졸업에 品行可를 받음
- 국립교통고등학교(국비) 졸업. 서울대학교 공과대학 졸업
- 35년간 섬유업계 종사, 상장회사 대표이사 사장 역임 후 자진 은퇴, 제3인생 시작
- 국가발전기여공로 석탑산업훈장 수훈
- 기술사, 발명가, 글지이, 조각가
- 문예사조 시 신인상 당선 문단 데뷔
- 문예사조문인협회 회원, 서울시낭송클럽 상임위원
- 한국문인협회 회원, 국제펜 한국본부 회원

■ 수상 (詩부문)

- 문예사조문학상 본상 수상
- 한국자유시인상 대상 수상
- 未堂徐廷柱시회상 수상
- 한국문학비평가협회 문학상 수상

■ 시집

- 인연(제1시집)
- 인왕산(제2시집)
- 서원의 길(제3시집)
- 마중물(제4시집)
- 몽당연필(제5시집)
- 징검다리(제6시집)
- 태풍아(제7시집)
- 어느 여의사(제8시집)
- 몰록(제9시집)
- 호모사피엔스(제10시집)
- 한두현 詩전집 1 · 2
- 말문이 열린 江(01시집)
- 촛불의 푸념(02시집)
- 항해하는 지성인(03시집)
- 프로부모(04시집)
- 비우는 즐거움(05시집)
- 틈새의 美(06시집)
- 설레임(07시집)
- 쪼꼬만 행복 100(08시집)
- 쇠똥구리 人生(09시집)

■ 저서

- 자식을 부모의 팬으로 만들어라
  〈자녀교육해법 124장〉 나남출판
- 자식에게 무엇을 가르쳐 세상에 내보낼 것인가
  〈뿌리교육해법 124장〉 나남출판
- 자식을 우리의 옛 이야기로 길러라 1, 2
  〈이야기 인성교육 620마당〉 나남출판
- 자식교육 이제는 프로부모의 시대다
  〈전문부모의 길 74장〉 나남출판

한두현 제010시집

뿌리의 향기

초판 인쇄 2024년 2월 7 일
초판 발행 2024년 2월 12일

지은이 | 한두현
펴낸이 | 김효열
편 집 | 이미정

펴낸곳 | **을지출판공사**

등록번호 | 1985 년 2 월 14 일 제 2-741 호
주 소 | 서울시 마포구 양화진길 41, 603호
우편번호 | 04083
대표전화 | 02) 334-4050
팩시밀리 | 02) 334-4010
전자우편 | ejp4050@hanmail.net

값 18,000원

ISBN 978-89-7566-232-4 03810